무량공덕7          무비스님 편저

# 관세음보살보문품

장경각

# 독송(讀誦) 공덕문(功德文)

부처님은 범인(凡人)이 흉내 낼 수 없는 피나는 정진(精進)을 통해 큰 깨달음을 이루신 인류의 큰 스승이십니다. 그 깨달음으로 삶과 존재의 실상(實相)을 바르게 꿰뚫어 보시고 의미 있고 보람된 삶에 대하여 가르치셨습니다.

부처님의 가르침을 전하는 사람을 법사(法師)라고 하는데, 법화경(法華經) 법사품(法師品)에는 다섯 가지 법사에 대하여 설파하고 있습니다. 그 첫째는 경전을 지니고 다니는 사람, 둘째는 경전을 읽는 사람, 셋째는 경전을 외우는 사람, 넷째는 경전을 해설하는 사람, 다섯째는 경전을 사경하는 사람입니다. 이 중 한 가지만 하더라도 훌륭한 법사이며, "법사의 길을 행하는 사람은 부처님의 장엄(莊嚴)으로 장엄한 사람이며, 부처

3

님께서 두 어깨로 업어주는 사람이다." 라고 말
씀하고 있으니 세상을 살아가면서 이보다 더 큰
보람과 영광이 어디에 있겠습니까?

　이번에 제작된 〈무량공덕 독송본〉은 항상 지
니고 다니면서 읽고 베껴 쓸 수 있는 경전입니
다. 부디 많은 분들이 이 인연 공덕에 함께 하시
어 큰깨달음 이루시고 행복하시기를 기원합니다.


독송공덕수승행　무변승복개회향
讀誦功德殊勝行　無邊勝福皆廻向(독송한 그 공
덕 수승하여라, 가없는 그 공덕 모두 회향하여)

보원침익제유정　속왕무량광불찰
普願沈溺諸有情　速往無量光佛刹(이 세상 모든
사람 모든 생명, 한량없는 복된 삶 누려지이다.)


불기2549(2005)년 여름안거
금정산 범어사　如天　無比 합장

4

# 차례

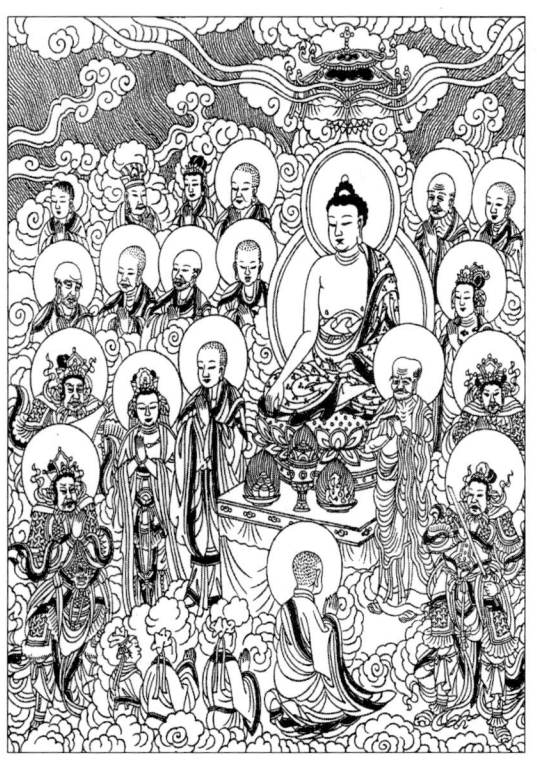

# 예 불 문

禮佛文

상단예불

[다게(茶偈)] (아침)

아금청정수 변위감로다
俄今淸淨水 變爲甘露茶

원수애납수 원수애납수
願垂哀納受 願垂哀納受

봉헌삼보전 원수애납수
奉獻三寶前 願垂哀納受

원수자비애납수
願垂慈悲哀納受

계향 정향 혜향 해탈향 해탈지견향
戒香 定香 慧香 解脫香 解脫知見香

광명운대 주변법계 공양시방 무량불
光明雲臺 周遍法界 供養十方 無量佛

법승
法僧

헌향진언
獻香眞言

옴 바아라 도비야 훔 (세 번)

8

● 다기를 올릴 때는 아금청정수부터 하고 안 올릴 때는 지심귀명례부터 함.

지심귀명례 삼계도사 사생자부 시아본사
至心歸命禮

석가모니불
釋迦牟尼佛

三界導師 四生慈父 是我本師

지심귀명례 시방삼세 제망찰해 상주일체
至心歸命禮

불타야중
佛陀耶衆

十方三世 帝網刹海 常住一切

지심귀명례 시방삼세 제망찰해 상주일체
至心歸命禮 十方三世 帝網刹海 常住一切

9

至心歸命禮
지심귀명례 달마야중 達磨耶衆

至心歸命禮
지심귀명례 대지문수 사리보살 대행보현
大智文殊 舍利菩薩 大行普賢

보살 대비관세음보살 대원본
菩薩 大悲觀世音菩薩 大願本

존 지장보살 제존보살 마하살
尊 地藏菩薩 諸尊菩薩 摩訶薩

至心歸命禮
지심귀명례 영산당시 수불부촉 십대제자
靈山當時 受佛咐囑 十大弟子

십육성 오백성 독수성 내지천
十六聖 五百聖 獨修聖 乃至千

至心歸命禮
지심귀명례

이백제대아라한 무량자비성중
二百 諸大阿羅漢 無量慈悲聖衆

至心歸命禮
지심귀명례

서건동진 급아해동 역대전등
西乾東震 及我海東 歷代傳燈

제대조사 천하종사 일체미진
諸大祖師 天下宗師 一切微塵

수 제대선지식
數 諸大善知識

至心歸命禮
지심귀명례

시방삼세 제망찰해 상주일체
十方三世 帝網刹海 常住一切

승가야중
僧伽耶衆

11

유원 무진삼보 대자대비 수아정례 명훈가
唯願 無盡三寶 大慈大悲 受我頂禮 冥熏加

피력 원공법계 제중생 자타일시 성불도
被力 願共法界 諸衆生 自他一時 成佛道

12

# 三歸依 삼귀의

귀의불 양족존 歸依佛 兩足尊

거룩한 부처님께 귀의합니다.

귀의법 이욕존 歸依法 離欲尊

거룩한 가르침에 귀의합니다.

귀의승 중중존 歸依僧 衆中尊

거룩한 스님들께 귀의합니다.

13

관세음보살보문품

觀世音菩薩普門品

이시<sub>에</sub> 무진의보살<sub>이</sub> 즉종좌기<sub>하사</sub> 편단우견
爾時 無盡意菩薩 卽從座起 偏袒右肩

하고 합장향불<sub>하사</sub> 이작시언<sub>하사대</sub> 세존<sub>이시여</sub> 관세
合掌向佛 而作是言 世尊 觀世

음보살<sub>은</sub> 이하인연<sub>으로</sub> 명관세음<sub>이니까</sub> 불고무진
音菩薩 以何因緣 名觀世音 佛告無盡

의보살<sub>하사대</sub> 선남자<sub>여</sub> 약유무량백천만억중생<sub>이</sub>
意菩薩 善男子 若有無量百千萬億衆生

15

수제고뇌(受諸苦惱)하되 문시관세음보살(聞是觀世音菩薩)하고 일심칭명(一心稱名)하면

관세음보살(觀世音菩薩)이 즉시(卽時)에 관기음성(觀其音聲)하여 개득해탈(皆得解脫)케 하느니라

약유지시관세음보살명자(若有持是觀世音菩薩名者)하면 설입대화(設入大火)라도

화불능소(火不能燒)하나니 유시보살(由是菩薩)의 위신력고(威神力故)며 약(若)

위대수소표(爲大水所漂)라도 칭기명호(稱其名號)하면 즉득천처(卽得淺處)하며 약(若)

유백천만억중생(有百千萬億衆生)이 위구금은유리(爲求金銀瑠璃)와 자거마노(硨磲瑪瑙)와

산호호박진주등보하여 入於大海할새 가사흑풍이
珊瑚琥珀眞珠等寶 入於大海 假使黑風

취기선방하여 표타나찰귀국커든 기중에 약유내
吹其船舫 飄墮羅刹鬼國 其中 若有乃

지일인이라도 칭관세음보살명자면 시제인등이
至一人 稱觀世音菩薩名者 是諸人等

개득해탈나찰지난하리니 이시인연으로 명관세음
皆得解脫羅刹之難 以是因緣 名觀世音

약부유인이 임당피해하여 칭관세음보살명
若復有人 臨當被害 稱觀世音菩薩名

자면 피소집도장이 심단단괴하여 이득해탈
者 彼所執刀杖 尋段段壞 而得解脫

약삼천대천국토에 만중야차나찰이 욕래뇌인이
若三千大千國土 滿中夜叉羅刹 欲來惱人

라도 문기청관세음보살명자면 시제악귀가 상불
若聞其稱觀世音菩薩名者 是諸惡鬼 尚不

능이악안으로 시지어니 황부가해리요 설부유인이
能以惡眼 視之 況復加害 設復有人

약유죄커나 약무죄커나 추계가쇄하여 검계기신이
若有罪 若無罪 杻械枷鎖 檢繫其身

라도 칭관세음보살명자면 개실단괴하고 즉득해
稱觀世音菩薩名者 皆悉斷壞 即得解

탈하나니라 약삼천대천국토에 만중원적커든 유일
脫 若三千大千國土 滿中怨賊 有一

상주가 **장제상인**하여 재지중보하고 **경과험로**할새
商主 將諸商人 賷持重寶 經過險路

**기중일인**이 **작시창언**하되 **제선남자**여 **물득공포**
其中一人 作是唱言 諸善男子 勿得恐怖

하고 **여등**은 **응당일심**으로 **칭관세음보살명호**하면
汝等 應當一心 稱觀世音菩薩名號

**시보살**이 **능이무외**로 **시어중생**하리니 **여등**이 **약**
是菩薩 能以無畏 施於衆生 汝等 若

**칭명자**면 **어차원적**에 **당득해탈**이라커늘 **중상인**이
稱名者 於此怨賊 當得解脫 衆商人

**문**하고 **구발성언**하되 **나무관세음보살**하면 **칭기명**
聞 俱發聲言 南無觀世音菩薩 稱其名

고로 즉득해탈하나니라 무진의야 관세음보살마하

故 卽得解脫 無盡意 觀世音菩薩摩訶

살의 위신지력이 외외여시니라 약유중생이 다어

薩 威神之力 巍巍如是 若有衆生 多於

음욕이라도 상념공경관세음보살하면 변득이욕하

婬欲 常念恭敬觀世音菩薩 便得離欲

며 약다진에라도 상념공경관세음보살하면 변득

若多瞋恚 常念恭敬觀世音菩薩 便得

이진하며 약다우치라도 상념공경관세음보살하면

離瞋 若多愚癡 常念恭敬觀世音菩薩

변득이치하나니 무진의야 관세음보살이 유여시

便得離癡 無盡意 觀世音菩薩 有如是

20

등대위신력(等大威神力)하사 다소요익(多所饒益)일새 시고(是故)로 중생(衆生)이 상(常)

응심념(應心念)하나니라 약유여인(若有女人)이 설욕구남(設欲求男)하여 예배공(禮拜供)

양관세음보살(養觀世音菩薩)하면 변생복덕지혜지남(便生福德智慧之男)하고 설욕(設欲)

구녀(求女)하면 변생단정유상지녀(便生端正有相之女)하여 숙식덕본(宿植德本)이라 중(衆)

인애경(人愛敬)하리니 무진의(無盡意)야 관세음보살(觀世音菩薩)이 유여시력(有如是力)하

니라 약유중생(若有衆生)이 공경예배관세음보살(恭敬禮拜觀世音菩薩)하면 복불(福不)

당연하나니 唐捐 시고로 是故 중생이 衆生 개응수지관세음보살 皆應受持觀世音菩薩

명호니라 무진의야 無盡意 약유인이 若有人 수지육십이억항하 受持六十二億恒河

사보살명자하고 沙菩薩名字 부진형토록 復盡形 공양음식의복과 와구 供養飮食衣服臥具

의약하면 醫藥 어여의운하오 於汝意云何 시선남자선여인의 是善男子善女人 공덕 功德

다부아 多不 무진의언하사대 無盡意言 심다나이다 甚多 세존이시여 世尊 불 佛

언하사대 若復有人 약부유인이 수지관세음보살명호하여 내 乃

지일시라도 **예배공양**하면 **시이인복**이 **정등무이**
至一時 禮拜供養 是二人福 正等無異 無盡意

하여 **어백천만억겁**에 **불가궁진**이니라 **무진의**야
於百千萬億劫 不可窮盡

**수지관세음보살명호**하면 **득여시무량무변복덕**
受持觀世音菩薩名號 得如是無量無邊福德

**지리**하리라 **무진의보살**이 **백불언**하사대 **세존**이시여
之利 無盡意菩薩 白佛言 世尊

**관세음보살**이 **운하유차사바세계**하며 **운하이위**
觀世音菩薩 云何遊此娑婆世界 云何而爲

**중생설법**하며 **방편지력**은 **기사운하**니까 **불고무**
衆生說法 方便之力 其事云何 佛告無

진의보살 하사대 盡意菩薩 선남자여 善男子 약유국토중생이 若有國土衆生 응이 應以

불신으로 佛身 득도자는 得度者 관세음보살이 觀世音菩薩 즉현불신하여 即現佛身

이위설법하며 而爲說法 응이벽지불신으로 應以辟支佛身 득도자는 得度者 즉현

벽지불신 辟支佛身 하여 이위설법하며 而爲說法 응이성문신으로 應以聲聞身 득도

자는 辟支佛身 즉현성문신하여 即現聲聞身 이위설법하며 而爲說法 응이범왕신

으로 득도자는 得度者 즉현범왕신하여 即現梵王身 이위설법하며 而爲說法 응

24

이제석신으로 得도자는 즉현제석신하여 이위설
以帝釋身　得度者　即現帝釋身　而爲說

법하며 응이자재천신으로 得도자는 즉현자재천
法　應以自在天身　得度者　即現自在天

신하여 이위설법하며 응이대자재천신으로 得도
身　而爲說法　應以大自在天身　得度

자는 즉현대자재천신하여 이위설법하며 응이천
者　即現大自在天身　而爲說法　應以天

대장군신으로 得도자는 즉현천대장군신하여 이
大將軍身　得度者　即現天大將軍身　而

위설법하며 응이비사문신으로 得도자는 즉현비
爲說法　應以毗沙門身　得度者　即現毗

25

사문신하여 이위설법하며 응이소왕신으로 득도

자는 즉현소왕신하여 이위설법하며 응이장자신

으로 득도자는 즉현장자신하여 이위설법하며 응

이거사신으로 득도자는 즉현거사신하여 이위설

법하며 응이재관신으로 득도자는 즉현재관신하여 이위설

이위설법하며 응이바라문신으로 득도자는 즉현

바라문신하여 이위설법하며 응이비구비구니와

婆羅門身 而爲說法 應以比丘比丘尼

우바새우바이신으로 득도자는 즉현비구비구니

優婆塞優婆夷身 得度者 卽現比丘比丘尼

우바새우바이신하여 이위설법하며 응이장자

優婆塞優婆夷身 而爲說法 應以長者

거사재관바라문부녀신으로 득도자는 즉현부녀

居士宰官婆羅門婦女身 得度者 卽現婦女

신하여 이위설법하며 응이동남동녀신으로 득도

身 而爲說法 應以童男童女身 得度

자는 즉현동남동녀신하여 이위설법하며 응이천

者 卽現童男童女身 而爲說法 應以天

27

룡야차건달바아수라가루라긴나라마후라가인
龍夜叉乾闥婆阿修羅迦樓羅緊那羅摩睺羅伽人

비인등신으로 득도자는 즉개현지하여 이위설법
非人等身 得度者 即皆現之 而爲說法

하며 응이집금강신으로 득도자는 즉현집금강신
應以執金剛神 得度者 即現執金剛神

하여 이위설법하나니 무진의야 시관세음보살이
而爲說法 無盡意 是觀世音菩薩

성취여시공덕하여 이종종형으로 유제국토하사 도
成就如是功德 以種種形 遊諸國土 度

탈중생하나니라 시고로 여등은 응당일심으로 공양
脫衆生 是故 汝等 應當一心 供養

관세음보살이니 観世音菩薩 시관세음보살마하살이 어포외
是 観世音菩薩摩訶薩 於怖畏

급난지중에 능시무외라 시고 차사바세계가
急難之中 能施無畏 是故 此娑婆世界

개호지위시무외자라하나니라
皆號之爲施無畏者

무진의보살이 백불
無盡意菩薩 白佛

언하사대 세존이시여 아금에 당공양관세음보살호
言 世尊 我今 當供養觀世音菩薩

리다하고 즉해경중보주영락하니 가치백천양금이라
卽解頸衆寶珠瓔珞 價値百千兩金

이이여지하고 작시언하되 인자는 수차법시진보
而以與之 作是言 仁者 受此法施珍寶

瓔珞 영락하소서 時시에 觀世音菩薩관세음보살이 不肯受之불긍수지어늘 無무

盡意진의는 復白觀世音菩薩言부백관세음보살언하사대 仁者인자는 憫我等민아등

故고로 受此瓔珞수차영락하소서 爾時이시에 佛告觀世音菩薩불고관세음보살하사

대 當愍此無盡意菩薩당민차무진의보살과 及四衆天龍夜叉乾闥급사중천룡야차건달

婆阿修羅迦樓羅緊那羅摩睺羅伽人非人等故바아수라가루라긴나라마후라가인비인등고로

受是瓔珞수시영락이니라 卽時즉시에 觀世音菩薩관세음보살이 憫諸四衆민제사중

과

及於天龍人非人等

급어천룡인비인등하사 受其瓔珞 수기영락하야 分作二 분작이

분하되 一分 일분은 奉釋迦牟尼佛 봉석가모니불하고 一分 일분은 奉多寶 봉다보

佛搭 불탑하니라 無盡意 무진의야 觀世音菩薩 관세음보살이 有如是自在 유여시자재

神力 신력하사 遊於娑婆世界 유어사바세계하나니라

이시에 無盡意菩薩 무진의보살이 以偈問曰 이게문왈

爾時

世尊妙相具 세존묘상구시여 我今重問彼 아금중문피하노니

31

불자하인연으로 佛子何因緣 명위관세음이니까 名爲觀世音

구족묘상존이 具足妙相尊 게답무진의하사대 偈答無盡意

여청관음행의 汝聽觀音行 선응제방소하라 善應諸方所

홍서심여해하여 弘誓深如海 역겁부사의라 歷劫不思議

시다천억불하여 侍多千億佛 발대청정원일새 發大淸淨願

아위여약설하리니 我爲汝略說 문명급견신하고 聞名及見身

32

심념불공과하면 心念不空過

능멸제유고하리라 能滅諸有苦

가사흥해의하여 假使興害意

추락대화갱이라도 推落大火坑

염피관음력으로 念彼觀音力

화갱변성지하며 火坑變成池

혹표류거해하여 或漂流巨海

용어제귀난이라도 龍魚諸鬼難

염피관음력으로 念彼觀音力

파랑불능몰하며 波浪不能沒

혹재수미봉하여 或在須彌峯

위인소추타라도 爲人所推墮

염피관음력으로 念彼觀音力 여일허공주하며 如日虛空住

혹피악인축하여 或彼惡人逐 타락금강산이라도 墮落金剛山

염피관음력으로 念彼觀音力 불능손일모하며 不能損一毛

혹치원적요하여 或値怨賊擾 각집도가해라도 各執刀加害

염피관음력으로 念彼觀音力 함즉기자심하며 咸卽起慈心

혹조왕난고하여 或遭王難苦 임형욕수종이라도 臨刑欲壽終

염피관음력으로

念彼觀音力

도심단단괴하며

刀尋段段壞

혹수금가쇄하여

或囚禁枷鎖

수족피추계라도

手足被杻械

염피관음력으로

念彼觀音力

석연득해탈하며

釋然得解脫

주저제독약으로

呪詛諸毒藥

소욕해신자라도

所欲害身者

염피관음력으로

念彼觀音力

환착어본인하며

還着於本人

혹우악나찰과

或遇惡羅刹

독룡제귀등이라도

毒龍諸鬼等

염피관음력으로 念彼觀音力

시실불감해하며 時悉不敢害

약악수위요하여 若惡獸圍繞

이아조가포라도 利牙爪可怖

염피관음력으로 念彼觀音力

질주무변방하며 疾走無邊方

원사급복갈이 蚖蛇及蝮蠍

기독연화연이라도 氣毒煙火然

염피관음력으로 念彼觀音力

심성자회거하며 尋聲自廻去

운뢰고체전하고 雲雷鼓掣電

강박주대우라도 降雹澍大雨

36

염피관음력으로 念彼觀音力 응시득소산하며 應時得消散

중생피곤액하여 衆生被困厄 무량고핍신이라도 無量苦逼身

관음묘지력이 觀音妙智力 능구세간고니라 能救世間苦

구족신통력하고 具足神通力 광수지방편하여 廣修智方便

시방제국토에 十方諸國土 무찰불현신하며 無刹不現身

종종제악취와 種種諸惡趣 지옥귀축생의 地獄鬼畜生

생로병사고를 生老病死苦 이점실령멸하며 以漸悉令滅

진관청정관이며 眞觀淸淨觀 광대지혜관이며 廣大智慧觀

비관급자관이니 悲觀及慈觀 상원상첨앙이니라 常願常瞻仰

무구청정광이며 無垢淸淨光 혜일파제암이라 慧日破諸暗

능복재풍화하고 能伏災風火 보명조세간이니라 普明照世間

비체계뢰진과 悲體戒雷震 자의묘대운으로 慈意妙大雲

주감로법우하여 澍甘露法雨

멸제번뇌염하며 滅除煩惱焰

쟁송경관처와 諍訟經官處

포외군진중이라도 怖畏軍陣中

염피관음력으로 念彼觀音力

중원실퇴산하며 衆怨悉退散

묘음관세음과 妙音觀世音

범음해조음이 梵音海潮音

승피세간음이니 勝彼世間音

시고수상념하되 是故須常念

염념물생의니라 念念勿生疑

관세음정성이 觀世音淨聖

어고뇌사액에 <sub>於苦惱死厄</sub> 능위작의호라 <sub>能爲作依怙</sub>

구일체공덕하사 <sub>具一切功德</sub> 자안시중생하며 <sub>慈眼視衆生</sub>

복취해무량일새 <sub>福聚海無量</sub> 시고응정례니라 <sub>是故應頂禮</sub>

이시에 <sub>爾時</sub> 지지보살이 <sub>持地菩薩</sub> 즉종좌기하여 <sub>卽從座起</sub> 전백불언하사 <sub>前白佛言</sub>

대 세존이시여 <sub>世尊</sub> 약유중생이 <sub>若有衆生</sub> 문시관세음보살품자 <sub>聞是觀世音菩薩品自</sub>

재지업과 <sub>在之業</sub> 보문시현신통력자는 <sub>普門示現神通力者</sub> 당지시인은 <sub>當知是人</sub> 공덕 <sub>功德</sub>

이 불소니다 불설시보문품시에 중중팔만사천중

不少 佛說是普門品時 衆中八萬四千衆

생이 개발무등등아뇩다라삼먁삼보리심하니라

生 皆發無等等阿耨多羅三藐三菩提心

# 한글 관세음보살보문품

무비 스님

그때 무진의보살이 자리에서 일어나 오른쪽 어깨를 벗어 드러내고 부처님을 향하여 합장하고 여쭈었습니다.

"세존이시여, 관세음보살은 무슨 인연으로 관세음이라고 하나이까?"

부처님께서 무진의보살에게 말씀하셨습니다.

"선남자야, 만일 한량 없는 백천만억 중생이 여러가지 고뇌를 받을 때에 이 관세음보살의 이름을 듣고 일심으로 그 이름을 부르면, 관세음보살이 곧 그 음성을 듣고 모두 해탈케 하느니라.

만일 어떤 이가 이 관세음보살의 이름을 받들면 그는 혹시 큰 불 속에 들어가더라도 불이 그를 태우지 못할 것이니, 이것은 관세음보살의 위신력 때문이며, 혹은 큰 물에 떠내려 가게 되더라도 그 이름을 부르면 곧 얕은 곳에 이르게 되며, 혹은 백천만억 중생이 금·은·유리·자거·마노·산호·호박·진주 같은 보배를 구하려고 큰 바다에 들어갔을 때, 가령 폭풍이 일어 그들의 배가 나찰귀들의 나라에 닿게 되었을지라도 그 가운데 만일 한 사람이라도 관세음보살의 이름을 부르면, 여러 사람들이 다 나찰의 난으로부터 벗어날 수 있으리니, 이러한 인연으로 관세음이라 이름하느니라.

또 어떤 사람이 만일 해를 입게 되었을지라도 관세음보살의 이름을 부르면, 그들이 가진 칼이나 막대기가 곧 조각조각 부서져 능히 벗어날 수 있으며, 혹은 삼천 대천 국토에 가득한 야차·나찰들이 와서 사람들을 괴롭히려 하더라도 관세음보살의 이름만 부르면 여러 악귀가 악한 눈으로 보지도 못하겠거늘, 하물며 어찌 해칠 수 있겠느냐? 또 어떤 사람이 죄가 있거나 죄가 없거나 간에 수갑과 쇠고랑에 손발이 채워지고 몸이 묶였을지라도, 관세음보살의 이름만 부르면 이것들이 다 끊어지고 풀어져 곧 벗어나리라.

만일 또 삼천 대천 국토에 도둑이 가득 찬 속을 한 상인의 우두머리가 여러 상인을 이끌고 귀중한 보물을 가진 채 험한 길을 지나갈 때, 그 중에 한 사람이 말하기를, '여러 선남자들이여, 무서워 말고 두려워 말라. 그대들은 진심으로 관세음보살의 이름을 부를지니라. 이 보살이 능히 중생들의 두려움을 없애주리니, 그대들이 이 이름을 부르면 이 도둑들을 무사히 벗어나리라.'하고, 이에 여러 상인들이 이 말을 듣고 모두 소리를

내어 '나무 관세음보살' 하면 곧 그 난을 벗
어나리라.

무진의야, 관세음보살마하살의 위신력이 이
와 같이 훌륭하니라.

또 만일 중생이 음욕이 많더라도 관세음보
살을 항상 생각하고 공경하면 곧 음욕을 여
의게 되며, 혹은 성내는 마음이 많더라도
관세음보살을 생각하고 공경하면 그 마음을
여읠 수 있으며, 혹은 어리석음이 많더라도
관세음보살을 항상 생각하고 공경하면 곧
그 어리석음을 여읠 것이니라.

무진의야, 관세음보살이 이런 위신력으로
이롭게 함이 많으니 중생은 마땅히 마음으
로 항상 생각할 것이니라.

또, 만일 어떤 여인이 아들 낳기를 원하여
관세음보살을 예배하고 공경하면 곧 복덕과
지혜가 있는 아들을 낳게 되고, 만일 딸 낳

기를 원한다면 곧 단정하고 아름다운 모양을 갖춘 딸을 낳게 되리니, 덕의 근본을 잘 심었으므로 여러 사람의 사랑과 존경을 받으리라. 무진의야, 관세음보살의 힘이 이와 같느니라.

만일 또 중생이 관세음보살을 공경하고 예배하면 복이 헛되이 버려지지 않으리니, 그러므로 중생이 모두 관세음보살의 이름을 받들어야 하느니라.

무진의야, 만일 어떤 사람이 62억 항하의 모래 같은 보살의 이름을 받들어 목숨이 다하도록 음식과 의복·침구와 의약 등으로 공양한다면 너의 생각에는 어떻겠느냐? 이 선남자·선여인의 공덕이 얼마나 많겠느냐?"

무진의가 대답하였습니다.

"매우 많겠나이다, 세존이시여."

부처님께서 다시 말씀하셨습니다.

"만일 어떤 사람이 관세음보살의 이름을

받들어 한 때만이라도 예배하고 공양하면, 이 두 사람의 복이 똑같아 다를 바 없어, 백천만억 겁에 이르도록 다할 수가 없으리라. 무진의야, 관세음보살의 이름을 수지하면 이와 같이 한량 없고 가없는 복덕의 이익을 얻느니라."

무진의보살이 부처님께 여쭈었습니다.

"세존이시여, 관세음보살은 어떻게 이 사바세계에서 노니시며, 어떻게 중생을 위하여 설법하시며, 방편의 힘은 그 일이 어떠하나이까?"

부처님께서 무진의 보살에게 말씀하셨습니다.

"선남자야, 어떤 나라의 중생을 부처의 몸으로 제도할 이에게는 관세음보살이 곧 부처의 몸을 나타내어 설법하며, 벽지불의 몸으로써 제도할 이에게는 벽지불의 몸을 나타내어 설법하며, 성문의 몸으로 제도할 이

에게는 성문의 몸을 나타내어 설법하며, 범
천왕의 몸으로써 제도할 이에게는 범천왕의
몸을 나타내어 설법하며, 제석천의 몸으로써
제도할 이에게는 제석천의 몸을 나타내어
설법하며, 자재천의 몸으로써 제도할 이에게
는 자재천의 몸을 나타내어 설법하며, 대자
재천의 몸으로써 제도할 이에게는 대자재천
의 몸을 나타내어 설법하며, 천대장군의 몸
으로써 제도할 이에게는 천대장군의 몸을
나타내어 설법하며, 비사문의 몸으로써 제도
할 이에게는 비사문의 몸을 나타내어 설법
하며, 소왕의 몸으로써 제도할 이에게는 곧
소왕의 몸을 나타내어 설법하며, 장자의 몸
로써 제도할 이에게는 장자의 몸을 곧 나타
내어 설법하며, 거사의 몸으로써 제도할 이
에게는 곧 거사의 몸을 나타내어 설법하며,
관리의 몸으로써 제도할 이에게는 관리의
몸을 나타내어 설법하며, 바라문의 몸으로써

제도할 이에게는 곧 바라문의 몸을 나타내어 설법하며, 비구·비구니·우바새·우바이의 몸으로써 제도할 이에게는 비구·비구니·우바새·우바이의 몸을 나타내어 설법하며, 장자·거사·관리·바라문의 부인의 몸으로써 제도할 이에게는 그 부인의 몸을 나타내어 설법하며, 동남·동녀의 몸으로써 제도할 이에게는 동남·동녀의 몸을 나타내어 설법하며, 하늘·용·야차·건달바·아수라·가루라·긴나라·마후라가·사람인 듯 아닌 듯한 것 등의 몸으로써 제도할 이에게는 모두 그 몸을 나타내어 설법하며, 집금강신으로써 제도할 이에게는 곧 집금강신을 나타내어 설법하나니, 무진의야, 이 관세음보살은 이러한 공덕을 성취하여 여러 가지 형상으로 여러 국토에 노니시며, 중생을 제도하여 해탈케 하느니라. 그러므로 너희들은 일심으로 관세음보살을 공양할지니라. 이 관세음보살마하살이 두

렵고 급한 환난 가운데 능히 두려움을 없애
주므로, 이 사바세계에서는 모두 일컬어 '두
려움을 없게 해주는 이[施無畏者]'라고 하
느니라."

무진의보살이 부처님께 여쭈었습니다.

"세존이시여, 제가 이제 관세음보살을 공
양하겠나이다."

하고, 목에 걸었던 백천 냥이나 되는 보배
구슬과 영락을 풀어 받들어 올리며 또 여쭈
었습니다.

"어지신 이여, 법으로써 드리는 이 보배
구슬과 영락을 받아주옵소서."

그때 관세음보살이 이를 받지 않거늘, 무진
의는 다시 관세음보살께 여쭈었습니다.

"어지신 이여, 저희들을 불쌍히 여기시어
이 영락을 받아 주옵소서."

그때 부처님께서 관세음보살에게 말씀하셨
습니다.

"여기 이 무진의보살과 사부대중과 하늘·
용·야차·건달바·아수라·가루라·긴나라·마후
라가·사람인 듯 아닌 듯한 것들을 불쌍히
여겨 그 영락을 받으라."

곧 관세음보살이 사부대중과 하늘·용과 그
리고 사람인 듯 아닌 듯한 것을 불쌍히 여
기시어 그 영락을 받으시더니, 둘로 나누어
한 몫은 석가모니불께 바치고, 남은 한 몫
은 다보불탑에 바치었습니다.

"무진의야, 관세음보살은 이와 같이 자유
스러운 신통력을 가지고 사바세계에 노니느
니라."

그때 무진의보살이 게송으로 물었습니다.


미묘한 상 갖추신 세존이시여,

이제 다시 저 일을 묻자옵나니

불자는 그 무슨 인연으로

관세음이라 부르나이까.

미묘한 상 갖추신 세존께서
게송으로 무진의에게 대답하시되
곳곳마다 알맞게 응하여 나타나는
관음의 모든 행을 잘 들으라.


그 보살의 큰 서원 바다와 같아
헤아릴 수 없이 긴 세월 동안
천억의 부처님 모시고 받들며
크고 청정한 원을 세우니


내 이제 그것들을 간략히 말하리니
이름을 듣거나 몸을 보거나
마음으로 생각함이 헛되지 않으면
능히 모든 고통을 멸하리라.


가령 해치려는 사람에게 떠밀려
큰 불구덩이에 떨어진대도

관음을 염하는 그 힘으로
불구덩이 변하여 연못이 되고

만일 큰 바다에 표류하여
용과 귀신·물고기의 난을 만나도
관음을 염하는 그 힘으로
파도가 능히 삼킬 수 없으며

수미산의 봉우리에서
사람에게 떠밀려 떨어진대도
관음을 염하는 그 힘으로
허공에 머무는 해같이 되며

악인에게 쫓기어
금강산에서 떨어진대도
관음을 염하는 그 힘으로
털끝 하나 다치지 않으며

원한의 도적을 만나
칼 들고 달려와 해치려 해도
관음을 염하는 그 힘으로
도적들 마음 돌려 자비케 하며

법에 잘못 걸려
형벌을 받아 죽게 되더라도
관음을 염하는 그 힘으로
칼이 조각조각 끊어지며

감옥 속에 갇혀 있어서
손발이 형틀에 묶였더라도
관음을 염하는 그 힘으로
그것들의 풀림을 받을 것이며

저주와 여러 가지 독약으로
몸을 해치려고 할 때에도
관음을 염하는 그 힘으로

본인에게 그 화가 돌아가며

악한 나찰 독룡들과
여러 귀신을 만날지라도
관음을 염하는 그 힘으로
감히 모두들 해치지 못하며

사나운 짐승들에 둘러싸여
이빨과 발톱이 무섭더라도
관음을 염하는 그 힘으로
사방으로 뿔뿔이 달아나며

여러 가지 사나운 독사들이
독기가 불꽃처럼 성할지라도
관음을 염하는 그 힘으로
그 소리에 스스로 달아나며

구름에서 천둥일며 번개치고

큰 비와 우박이 쏟아져도
관음을 염하는 그 힘으로
삽시간에 사라지며
뭇 중생이 곤경과 재앙을 만나
한량 없는 고통을 받을지라도
관음의 미묘한 지혜의 힘이
능히 세상 고통 구하느니라.

신통한 힘 구족하고
지혜의 방편 널리 닦아
시방의 여러 국토
몸을 나타내지 않는 곳 없으며

가지가지 악한 갈래
지옥·아귀·축생들의
생로병사 모든 고통
점차로 멸해 주며

진관이며 청정관
넓고 큰 지혜관이며
비관과 자관이니
항상 우러러볼지어다.

때 없어 청정한 빛
지혜의 태양 어둠을 제하나니
풍재와 화재 능히 이겨
널리 밝게 세상을 비추니

대비는 체가 되고 계행은 우뢰되며
자비로운 마음은 큰 구름같아
감로의 법비를 내려
번뇌의 타는 불길 멸해 주며

쟁송으로 관청에 가거나
두려운 진중에 있을지라도
관음을 염하는 그 힘으로

모든 원수가 흩어지니라.


묘음과 관세음과
범음과 해조음이
저 세간음보다 나으니
그러므로 항상 생각하여


의심일랑 잠깐도 하지 말아라
관세음보살 청정한 성인은
고뇌와 죽음과 액운 당하여
능히 믿고 의지할 바 되리.


일체의 여러 공덕 두루 갖추어
자비로운 눈으로 중생을 보며
그 복이 바다처럼 한량 없으니
그러므로 마땅히 정례할지니라.


그때 지지보살이 자리에서 일어나 부처님

앞에 나아가 여쭈었습니다.

 "세존이시여, 만일 중생이 이 관세음보살
보문품의 자유로운 업(業)과 널리 보이고
나타내는 신통력을 듣는다면, 그 사람의 공
덕은 적지 않겠나이다."

 부처님께서 이 <보문품>을 설하실 때, 대
중 가운데 8만4천 중생이 모두 비할 바 없
이 평등한 아뇩다라삼먁삼보리의 마음을 내
었습니다.

# 화엄경 약찬게

華嚴經 略纂偈

대방광불화엄경
大方廣佛華嚴經

나무화장세계해
南無華藏世界海

현재설법노사나
現在說法盧舍那

과거현재미래세
過去現在未來世

용수보살약찬게
龍樹菩薩略纂偈

비로자나진법신
毘盧遮那眞法身

석가모니제여래
釋迦牟尼諸如來

시방일체제대성
十方一切諸大聖

근본화엄전법륜 根本華嚴轉法輪

보현보살제대중 普賢菩薩諸大衆

족행신중도량신 足行神衆道場神

주산신중주림신 主山神衆主林神

주하신중주해신 主河神衆主海神

주풍신중주공신 主風神衆主空神

해인삼매세력고 海印三昧勢力故

집금강신신중신 執金剛神身衆神

주성신중주지신 主城神衆主地神

주약신중주가신 主藥神衆主稼神

주수신중주화신 主水神衆主火神

주방신중주야신 主方神衆主夜神

주주신중아수라 主晝神衆阿修羅

마후라가야차왕 摩睺羅伽夜叉王

건달바왕월천자 乾達婆王月天子

야마천왕도솔천 夜摩天王兜率天

대범천왕광음천 大梵天王光音天

대자재왕불가설 大自在王不可說

가루라왕긴나라 迦樓羅王緊那羅

제대용왕구반다 諸大龍王鳩槃茶

일천자중도리천 日天子衆忉利天

화락천왕타화천 化樂天王他化天

변정천왕광과천 遍淨天王廣果天

보현문수대보살 普賢文殊大菩薩

법혜공덕금강당
法慧功德金剛幢

광염당급수미당
光焰幢及須彌幢

급여비구해각등
及與比丘海覺等

선재동자동남녀
善財童子童南女

선재동자선지식
善財童子善知識

덕운해운선주승
德雲海雲善住僧

금강장급금강혜
金剛藏及金剛慧

대덕성문사리자
大德聲聞舍利子

우바새장우바이
優婆塞長優婆夷

기수무량불가설
其數無量不可說

문수사리최제일
文殊舍利最第一

미가해탈여해당
彌伽解脫與海幢

휴사비목구사선
休舍毗目瞿沙仙

승열바라자행녀
勝熱婆羅慈行女

선견자재주동자
善見自在主童子

구족우바명지사
具足優婆明智士

법보계장여보안
法寶髻長與普眼

무염족왕대광왕
無厭足王大光王

부동우바변행외
不動優婆遍行外

우바라화장자인
優婆羅華長者人

바시라선무상승
婆施羅船無上勝

사자빈신바수밀
師子嚬伸婆須密

비슬지라거사인
毗瑟祇羅居士人

관자재존여정취
觀自在尊與正趣

대천안주주지신 (大天安住主地神)

보덕정광주야신 (普德淨光主夜神)

보구중생묘덕신 (普救衆生妙德神)

수호일체주야신 (守護一切主夜神)

대원정진력구호 (大願精進力救護)

마야부인천주광 (摩耶夫人天主光)

바산바연주야신 (婆珊婆演主夜神)

희목관찰중생신 (喜目觀察衆生神)

적정음해주야신 (寂靜音海主夜神)

개부수화주야신 (開敷樹華主夜神)

묘덕원만구바녀 (妙德圓滿瞿婆女)

변우동자중예각 (遍友童子衆藝覺)

현승견고해탈장
賢勝堅固解脫長

묘월장자무승군
妙月長者無勝軍

최적정바라문자
最寂靜婆羅門者

덕생동자유덕녀
德生童子有德女

미륵보살문수등
彌勒菩薩文殊等

보현보살미진중
普賢菩薩微塵衆

어차법회운집래
於此法會雲集來

상수비로자나불
常隨毘盧遮那佛

어련화장세계해
於蓮花藏世界海

조화장엄대법륜
造華莊嚴大法輪

시방허공제세계
十方虛空諸世界

역부여시상설법
亦復如是常說法

육육육사급여삼
六六六四及與三

일십일일역부일
一十一亦復一

세주묘엄여래상
世主妙嚴如來相

보현삼매세계성
普賢三昧世界成

화장세계노사나
華藏世界盧舍那

여래명호사성제
如來名號四聖諦

광명각품문명품
光明覺品問明品

정행현수수미정
淨行賢首須彌頂

수미정상게찬품
須彌頂上偈讚品

보살십주범행품
菩薩十住梵行品

발심공덕명법품
發心功德明法品

불승야마천궁품
佛昇夜摩天宮品

야마천궁게찬품 夜摩天宮偈讚品

불승도솔천궁품 佛昇兜率天宮品

십회향급십지품 十回向及十地品

아승지품여수량 阿僧祇品與壽量

여래십신상해품 如來十身相海品

보현행급여래출 普賢行及如來出

십행품여무진장 十行品與無盡藏

도솔천궁게찬품 兜率天宮偈讚品

십정십통십인품 十定十通十忍品

보살주처불부사 菩薩住處佛不思

여래수호공덕품 如來隨好功德品

이세간품입법계 離世間品入法界

시위십만게송경
是爲十萬偈頌經

풍송차경신수지
諷誦此經信受持

안좌여시국토해
安坐如是國土海

삼십구품원만교
三十九品圓滿敎

초발심시변정각
初發心時便正覺

시명비로자나불
是名毘盧遮那佛

# 이산 혜연선사 발원문

시방삼세  부처님과  팔만사천  큰법보와

보살성문  스님네께  지성귀의  하옵나니

자비하신  원력으로  굽어살펴  주옵소서

저희들이  참된성품  등지옵고  무명속에

뛰어들어  나고죽는  물결따라  빛과소리

물이들고  심술궂고  욕심내어  온갖번뇌

쌓았으며　보고듣고　맛봄으로　한량없는

죄를지어　잘못된길　갈팡질팡　생사고해

헤매면서　나와남을　집착하고　그른길만

찾아다녀　여러생에　지은업장　크고작은

많은허물　삼보전에　원력빌려　일심참회

하옵나니　바라옵건대　부처님이　이끄시고

보살님네　살피시어　고통바다　헤어나서

열반언덕　가사이다　이세상에　명과복은

길이길이　창성하고　오는세상　불법지혜

무럭무럭　자라나서　날적마다　좋은국토

밝은스승　만나오며　바른신심　군게세워

아이로서　출가하여　귀와눈이　총명하고

말과뜻이　진실하며　세상일에　물안들고

청정범행　닦고닦아　서리같이　엄한계율

털끝인들　범하리까　점잖은　거동으로

모든생명　사랑하여　이내목숨　버리어도

지성으로　보호하리　삼재팔난　만나잖고

불법인연　구족하며　반야지혜　드러나고

보살마음　견고하여　제불정법　잘배워서

대승진리　깨달은뒤　육바라밀　행을닦아

아승지겁　뛰어넘고　곳곳마다　설법으로

천겁만겁　의심끊고　마군중을　항복받아

삼보를　뵙사올제　시방제불　섬기는일

잠깐인들　쉬오리까　온갖법문　다배워서

모두통달 하옵거든　복과지혜 함께늘어

무량중생 제도하며　여섯가지 신통얻고

무생법인 이룬뒤에　관음보살 대자비로

시방법계 다니면서　보현보살 행원으로

많은중생 건지올제　여러갈래 몸을나퉈

미묘법문 연설하고　지옥아귀 나쁜곳엔

광명놓고 신통보여　내모양을 보는이나

내이름을 듣는이는　보리마음 모두내어

윤회고를 벗어나되 화탕지옥 끓는물은

감로수로 변해지고 검수도산 날센칼날

연꽃으로 화하여서 고통받던 저중생들

극락세계 왕생하며 나는새와 기는짐승

원수맺고 빚진이들 갖은고통 벗어나서

좋은복락 누려지다 모진질병 돌적에는

약풀되어 치료하고 흉년드는 세상에는

쌀이되어 구제하되 여러중생 이익한일

한가진들　빼오리까　천겁만겁　내려오던

원수거나　친한이나　이세상　권속들도

누구누구　할것없이　얽히었던　애정끊고

삼계고해　벗어나서　시방세계　중생들이

모두성불　하사이다　허공끝이　있사온들

이내소원　다하리까　유정들도　무정들도

일체종지　이뤄지이다

나무석가모니불 (세 번)

77

◆무비(如天 無比)스님

·전 조계종 교육원장
·범어사에서 여환스님을 은사로 출가
·해인사 강원 졸업
·해인사, 통도사 등 여러 선원에서 10여년 동안 안거
·통도사, 범어사 강주 역임
·조계종 종립 은해사 승가대학원장 역임
·탄허스님의 법맥을 이은 강백
·화엄경 완역 등 많은 집필과 법회 활동

▶저서와 역서

『금강경 강의』, 『보현행원품 강의』, 『화엄경』, 『예불문과 반야심경』,
『반야심경 사경』 외 다수.

## 관세음보살보문품

초판 **22쇄 발행** · 2025년 8월 20일
초판 **22쇄 인쇄** · 2025년 8월 25일
편　저 · 무비 스님
펴낸이 · 이규인
편　집 · 천종근
펴낸곳 · 도서출판 窓
등록번호 · 제15-454호
등록일자 · 2004년 3월 25일

주소 · 서울시 영등포구 문래북로116 903호(문래동3가, 트리플렉스)
전화 · 322-2686, 2687 / 팩시밀리 · 326-3218
**e-mail** · changbook1@hanmail.net
홈페이지 · http://www.changbook.co.kr

ISBN 89-7453-113-5  03220
정가  5,000원

*파손된 책은 구입하신 서점이나 《도서출판 窓》에서 바꾸어 드립니다.
☞ 염화실(http://cafe.daum.net/yumhwasil)에서 무비스님의 강의를
　들을 수 있습니다.

¤ "무량공덕" 시리즈는 계속 간행됩니다.

☆ 법보시용으로 다량주문시
특별 할인해 드립니다.

☆ 원하시는 불경의 독송본이나
사경본을 주문하시면 정성껏
편집 · 제작하여 드립니다.